一座等了你三千年的城

非物质文化遗产篇

史本晓 潘璐 编著

丁伟 主编

河北出版传媒集团
河北教育出版社

图书在版编目（CIP）数据

一座等了你三千年的城.非物质文化遗产篇/丁伟主编；史本晓，潘璐编著.--石家庄：河北教育出版社,2021.10（2023.6重印）

ISBN 978-7-5545-6734-0

Ⅰ.①一… Ⅱ.①丁…②史…③潘… Ⅲ.①文化名城–介绍–邯郸②非物质文化遗产–介绍–邯郸 Ⅳ.① K922.23 ② G127.223

中国版本图书馆 CIP 数据核字 (2021) 第 176397 号

书　　名	一座等了你三千年的城——非物质文化遗产篇
主　　编	丁　伟
编　　著	史本晓　潘　璐

出 版 人	董素山
策　　划	任晓霞
责任编辑	刘　贞
装帧设计	李关栋
出版发行	河北出版传媒集团
	河北教育出版社 http://www.hbep.com
	（石家庄市联盟路 705 号，050061）
印　　制	河北新华第一印刷有限责任公司
开　　本	880mm×1230 mm　1/32
印　　张	5.5
字　　数	90 千字
版　　次	2021 年 10 月第 1 版
印　　次	2023 年 6 月第 2 次印刷
书　　号	ISBN 978-7-5545-6734-0
定　　价	38.50 元

版权所有，翻印必究

一座等了你三千年的城（代序）

王维中

这是一片长满了故事的土地，这是一座等了你三千年的城。

太行山劲烈的风，华北平原酣畅的雨，烈酒浇透的汉子和踮着脚尖飞旋的舞娘是故事里幻化不完的背景。

赵瑟鸣时，英雄去也；云烟深处，城阙杳然。

那是少年秦始皇乘车别去时最后回眸的朱家巷，那是貉裘胡服的武灵王登高北望的古丛台，那是蔺相如回车的城内中街，那是李牧祭旗出征的赵王城阙。照眉池边，落红似雨；插箭岭上，晓月如霜。

风，在暮鼓晨钟里吹散了英雄的背影，却在断纸余墨里惊起满天星华。

这里是荀子故里。毛公也在此注传《诗经》。公孙龙客相府论"白马非马"，卓文君徙川蜀作《白头吟》。太白登楼而题句，乐天潜夜而思家。漳河照晚，文姬弹筝抱愤；铜雀春深，孟德横槊赋诗。对酒当歌，人生几何？让多少后人在慷慨悲歌里梦回建安。

梦回时耿耿不忘的，还有西汉"富冠海内"的都市繁华，还有被洪水深埋于地下的北宋陪都——东方的庞贝古城，以及卢生在城角旅店里的一枕黄粱。

故事是岁月的刻度。这城，一锹下去，就可能挖出一段淹没千年的故事，或温润，或悲凉。

风过，雨过，把故事拓成字，在烈日下晒成一片片成语，随着滏阳河流向远方，流进千年后你的血液，化作你唇间的壮烈和笔底的闲愁。

往事越千年。悠悠古城，也曾潜光埋剑，也曾猿鹤虫沙……

直到女娲炼石补天的莽莽太行进驻了129师的九千将士，直到开国领袖毛泽东亲临视察，指引了复兴之路，才使这蔓草荒烟的古城浴火重生。

斗转星移间，一个现代化的钢都、中国国家园林城市、全国文明城市横空出世，完成了三千年后的华丽转身，再造了一个活力四射的现代都市。

历史轮回，重现的不只是繁华。比繁华更珍贵的是文脉相承的自信，比自信更珍贵的是阅尽兴衰的从容，比从容更珍贵的是周公吐哺的襟怀。呦呦鹿鸣，食野之苹。我有嘉宾，鼓瑟吹笙。

文化是精神的血脉。所有华夏子孙到此都是追本溯源。别说学步，只是甄心，抚摸灵魂深处的那个你。

蒹葭苍苍，彼黍离离。三千年，不过一壶老酒的距离。你若来，很近；不来，很长。

为了等你，她三千年名字不改。沧海桑田，她是怕你找不到回家的路，是为了你回来还能轻唤她的名字：邯郸。

写在前面的话

传统手工艺作为非物质文化遗产的重要部分,经历了生活的千锤百炼,经过了历史长河的淘涤沉淀,成为人类记忆中一个个闪光的精粹。每一项非遗技艺,都描绘着一段历史的场景,讲述着一个群体的故事,凝聚着一个民族的魂!

我自小在农村长大,父亲是泥瓦匠,母亲是一个普通的农民,父母读书不多,但是他们通过言传身教,让我明白生活要靠自己的双手创造,要有能够谋生的技能。因此,还是孩童的我,就喜欢学习各种手艺,淬炼钢凿、做木工活、编筐编篓、说书唱戏、种菜种粮、喂猪放羊……后来我进入鲁东大学学习音乐,毕业后,又考入了中国音乐学院,后又去奥地利求学,开始了我游历世界的生活。世界各地的历史文化、人文精神深深地震撼着我的心灵。在与世界各地的人们交流时,我发现自己对祖国的文化、历史、传统艺术知之甚浅。我深感惭愧,暗下决心,要尽可能地探究中华民族的文化,要展示那些千百年传承下来的技艺,要让更多的人了解中国文化。就在这时,我发现了一座等候了我三千年的城。三千年来,她的名字从未改变,她的模样则如一道天空的虹,随风雨阳光不断变幻,虽饱经岁月沧桑、历史涤荡,在今天高楼林立的街区中,我依然可找到学步桥、赵王城遗址,依然可以品味传承三千年的美酒,聆听上古的传说——女娲补天,欣赏千年老剧——傩戏,这座城市就是邯郸!

2018年我在邯郸大名古城拍摄纪录片,一个偶然的机会,认识了这套书的主编丁伟。他对邯郸的文化如数家珍,当谈到邯郸的非物质文化遗产时,他指出,用新的技术手法记录和传播邯郸非遗文化,有助于促进文化的传承。在邯郸市委宣传部的大力支持下,我们很快成立了"走进邯郸学非遗"项目组。经过各方的努力,就有了24集《走进邯郸学非遗》大型纪录片。这部纪录片从2018年12月开始,经节目组20余人200多个日夜不辍的劳作,终于在2019年5月全面上线,在各大视频、媒体平台受到广泛好评。

大型纪录片《走进邯郸学非遗》记录了邯郸这片古老土地上的24项非遗项目。今天,我要把这24项非遗项目、非遗传承人的经历和纪录片拍摄中的精彩故事讲给您听,把邯郸三千年历史长河中的闪亮痕迹,串接成一条连接过去与现在的文化之路,带您走进邯郸,走进这座等了您三千年的城。

为了让您在阅读这本书时对非遗项目有更加直观的感受,我们特意在每一章的起始设计了二维码,扫码即可观看相应的非遗纪录片。愿您在文字与影像之中,享受这场文化盛宴。

目录

概况 / 001

光影人生 / 冀南皮影 / 003

壹味匠心 / 大名郭八火烧 / 009

薪火梨园 / 豫剧桑派 / 015

火木丹青 / 广平葫芦烙画 / 023

泥之韵 / 广平泥塑 / 029

岁月镟痕 / 南小留木镟 / 035

水陆画心 / 水陆画 / 041

时间的味道 / 大名二毛烧鸡 / 049

编制旧时光 / 成安草编 / 055

木偶守望 / 馆陶木偶戏 / 063

今世梨园情 / 武安平调落子 / 069

千年花桌 / 永年抬花桌 / 077

家的味道 / 广平䬃记酥肉 / 083

脚下乾坤 / 二贵摔跤 / 087

五百里居住 / 大名五百居香肠 / 093

- 染匠痴心／魏县花布印染 ／099
- 泥火之歌／磁州窑 ／105
- 纺车声声／魏县土纺土织 ／111
- 缯肘留香／广平崔岭缯肘 ／117
- 太极人生／杨氏太极拳 ／123
- 一滴守艺／大名小磨香油 ／131
- 梅拳初心／鸡泽梅花拳 ／137

- 剪纸流韵／复兴区剪纸 ／143
- 老窖新香／赵王酒 ／149
- 邯郸市国家级非物质文化遗产代表性项目 ／157
- 邯郸市省级非物质文化遗产代表性项目 ／159
- 后记 ／161

概况

邯郸，地处冀晋鲁豫四省交界之地，西依巍巍太行山，东跨华北平原，总面积1.2万平方公里，总人口超千万。1985年被国务院列为对外开放城市，1992年被国务院批准为"较大的市"，1994年被国务院批准为全国历史文化名城。邯郸还是中国成语典故之都、中国民间艺术之乡。

邯郸拥有3100多年建城史，历史悠久，文化灿烂，是中华文明的重要发祥地之一。早在8000年前，这里就有人类繁衍生息，升起了农业文明的曙光。战国时期，邯郸成为"七雄"之一赵国的都城，历经8代君主，158个春秋。独具特色的燕赵文化培育出大批政治家、军事家和哲学家，著名的有蔺相如、廉颇、荀子、公孙龙、赵奢、李牧、魏征等。千古一帝秦始皇生于邯郸，长于邯郸。"邯郸学步""完璧归赵""负荆请罪""黄粱美梦"等许多历史典故都发生在这里，邯郸被誉为中国的"成语典故之都"。战国时期邯郸的休闲文化和时尚文化曾引领世界潮流，邯郸成为当时的"时尚之都"。赵武灵王实行的"胡服骑射",更是开创改革之先河。

在长期的历史发展过程中,邯郸人民群众创造了多姿多彩、弥足珍贵的非物质文化遗产,磁州窑烧制技艺在我国陶瓷历史上素有"南有景德,北有彭城"之称;武安傩戏破"长江以北无鬼戏"之说。丰富的非物质文化遗产充分显示了邯郸人民超群的创造能力,体现了邯郸人民的文化价值观和审美情趣。2005年,邯郸市正式启动非物质文化遗产保护工作,基本建立健全了市、县两级非物质文化遗产保护名录体系。全市共入选国家级非物质文化遗产代表性项目名录28项,入选省级名录116项,入选市级名录377项。国家级非物质文化遗产项目代表性传承人25人,省级项目代表性传承人111人,市级项目代表性传承人329人。

邯郸现拥有国家级非物质文化遗产生产性保护示范基地1个;省级文化生态保护实验区4个;省级民族传统节日保护示范地1个;省级非物质文化遗产传播基地1个;省级非物质文化遗产传承示范基地7个;省级非物质文化遗产研究基地3个;省级非物质文化遗产生产性保护示范基地1个;市级非物质文化遗产生产性保护示范基地25个;"中国民间艺术之乡"4个;"河北民间文化艺术之乡"12个。

光影人生
冀南皮影

皮影戏《宝莲灯》

非物质文化遗产篇

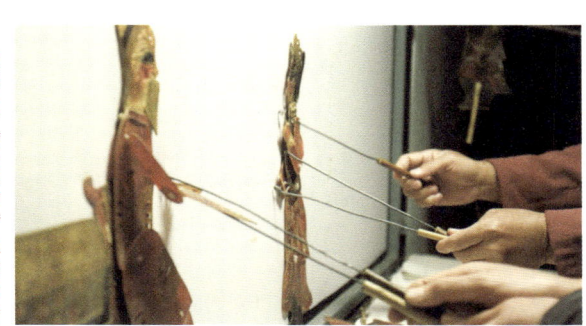

皮影戏《宝莲灯》表演场景

冀南皮影戏是河北地区重要的民间艺术形式，据说从宋代开始传入，历史悠久。冀南皮影造型粗犷古朴，采用牛皮刻制，线条简练。许多地方不用刀刻，而直接用彩绘，这种雕、绘结合的制作工艺是冀南皮影的特色之一。冀南皮影戏的影人角色分为生、旦、净、丑，相对完好地保持着我国皮影戏造型的早期面貌。冀南皮影戏主要分布于邯郸市的肥乡、成安、磁县、馆陶、魏县、大名、曲周、永年等地，并影响到冀中、冀东等地区。

冀南皮影戏演员一般有七八个人，皮影操控以一人为中心，称掆签人（或挑签人），也可以两人同时挑签。演出时同时执两个或两个以上的影人对打，场面生动有趣，戏剧性强。影人的动作丰富、变化灵活，文武场乐器表现层次感强，加之张力十足的唱腔、对白，使冀南皮影戏成为极富感染力的艺术形式。

冀南皮影的代表人物之一张迎风老师，是冀

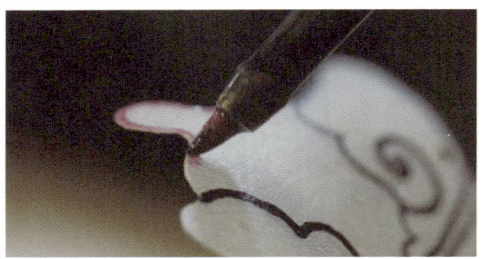
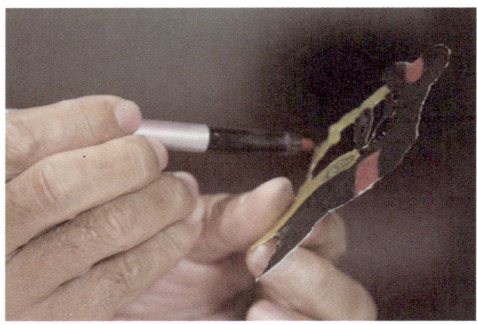
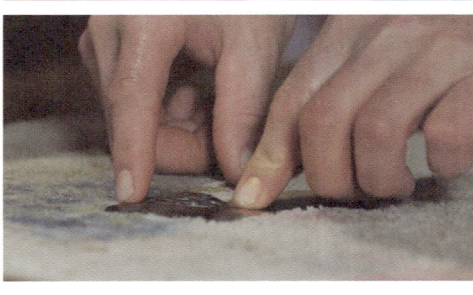

刻制皮影

张迎风老师（左一）教唱《宝莲灯》中秋香的唱段

南皮影非遗传承人，是我的皮影戏老师。张老师是邯郸市肥乡东马寨村人，擅长皮影的制作、挑签、演唱，是不可多得的全才。他从小热爱皮影艺术，随师父学习皮影技艺，从唱腔开始，到挑签、制作皮影，一项一项拿下来，现在是东马寨村皮影剧团的负责人，也是主唱。据说当年为了学习唱腔，冬天的时候，为了不影响邻居，他和师父到村头的田里，挖了个一人深的大坑，在上面盖上玉米秸秆，躲在坑里学唱练唱，常常从黑夜唱到天明。就这样，功夫不负有心人，他学会了一套又一套的剧目。我去跟张老师学习，他听我唱一嗓子，就知道我适合哪出戏里的哪个角色，量身定戏，很快就给我选定了《宝莲灯》里的"劈山救母"选段。在他的眼里，这一唱段相对比较短，容易唱。可当我开始学习之后，才知道这个唱段要唱十几分钟，唱词也很长，我把唱词抄下来，竟然写了满满两页纸，而这就是张老师所说的很短的唱段。

肥乡小学的孩子们学习表演冀南皮影

他当年学戏，都是老师口传心授，没有书面唱词，只能一句一句地跟着师父学，记不住的话，师父的柳条就抽在身上了。我很庆幸，张老师现在不用柳条了。

现在的东马寨村皮影剧团还经常演出，村子里有皮影剧场，提前预约就可以观看专场演出。

冀南皮影戏剧目丰富，主要有《西游记》《封神演义》《三国演义》《包公案》《宝莲灯》等连本戏，还有《燕王扫北》《劈山救母》等众多单本剧。冀南皮影戏演唱没有剧本，完全靠口传心授，其对白幽默风趣，唱词通俗易懂，具有鲜明的口语化、地方化特色。其唱腔和曲调有"淮调""老南调""大平调"和"四股弦"等。

2006年，冀南皮影戏入选第一批国家级非物质文化遗产名录。2011年11月，冀南皮影戏与河北省唐山皮影戏、河间皮影戏、昌黎皮影戏共同作为中国皮影戏的子项目入选世界非物质文化遗产名录。

壹味匠心 大名郭八火烧

郭卫东老师制作郭八火烧

非物质文化遗产篇

大名郭八火烧

大名郭八火烧源自清光绪二十一年（1895年），当时大名城西大韩道村人郭致忠先生从顺天府（也就是现在的北京）学艺回到大名，开始在县城经营火烧铺子，取名"天兴火烧铺"。郭致忠先生在家排行老八，当地人则称呼他为"郭八"，因此，管他做的火烧就叫"郭八火烧"。后来，人们便把他经营的火烧铺叫作"郭八火烧铺"了。

大名郭八火烧的第四代传承人郭卫东老师，有一儿一女。这项被评为非物质文化遗产的技艺，是郭老师一家人养家糊口的活计。目前一共开了三家店铺，郭老师和师兄师姐将打火烧这门手艺越练越精，手工揪出来的面团，打成的火烧，大小基本一致，分量几乎不差，烤制火烧的火候更是掌握得恰到好处，先煎烤后焖烤，出锅的火烧，外酥脆、内香软。郭卫东老师打火烧是家传，他

作者跟郭卫东老师学习制作郭八火烧

配置调料

继承祖业，讲求质量，坚守信誉，依然保持着传统风味。

郭八火烧的特点是层多且薄，每张有25至30层。在制作时，需准备白面十斤，配白油七两半，香油七两半，花椒、小茴香、食盐适量。先将白面用开水烫至三成熟，改用温水把面揉匀和成面块，然后将面块擀薄加料卷合，并打制成圆厚饼型，放在炉鏊上翻烤，边烤边刷油，经五六分钟后，面饼两面呈金黄色再放入麦饭石炉中焖烤片刻即好。郭八火烧还有一个最大的特点，就是咸香适度，酥软易嚼，肉馅、素馅均搭味儿配香，相得益彰。

用麦饭石烤制郭八火烧

大名郭八火烧制作技艺于 2013 年入选河北省第五批省级非物质文化遗产名录。

苗文华老师演出《对绣鞋》

非物质文化遗产篇

苗文华老师举办收徒仪式

豫剧桑派艺术是已故著名豫剧表演艺术家、教育家桑振君先生所创,是豫剧中的重要流派。

桑振君先生与豫剧大师陈素真先生、常香玉先生等六位豫剧大师并称为中国豫剧六大名旦。1964年,桑派艺术的创始人桑振君先生应邀到邯郸市东风剧团任教。在她培养的学生和门徒中,有获得中国戏剧梅花奖的胡小凤、牛淑贤、苗文华、郭英丽,还有国家一级演员赵贞玉等。

2018年8月我来到邯郸,第一次观看豫剧桑派传人苗文华老师现场演唱,极为震撼。我不敢相信世上还有这么美妙的声音,这么婉转灵巧的旋律,看苗老师舞台上的举手投足,身法表情,无一不是恰到好处,完美准确地演绎角色。后来,我有机会认识了苗老师,便决定拜师学艺,并且认真举办了拜师宴,请了见证人,按照戏曲界的传统拜师礼仪,给师父行礼敬茶,正式开始学习

作者在丛台城楼练习桑派豫剧

作者随苗文华老师学习演出《八件衣》

苗文华老师给作者讲戏

桑派豫剧。时值寒冬，排练厅里非常冷，可以用滴水成冰来形容，但是，苗老师不辞辛苦，教我学戏，我们一起排练了桑派新戏《八件衣》。苗老师继承桑派精髓，为传承中华民族的传统文化，把一生都献给了豫剧。

豫剧桑派的声腔艺术创造了"偷、闪、滑、抢、离调"等技巧，有一套与之相应的"咬字、发声、行腔、用气"的唱法。唱腔设计强调以塑造人物为中心，坚持"以字代声、以声传情、声情并茂"的理念，依据剧情和人物的需要，打破传统的板式结构，重新进行整合和构架，并博采各大流派之精华，精心吸收姊妹艺术中的有益成分，巧妙地融合于桑派的声腔艺术中，使人物的音乐形象"一人一貌"，被称为"豫剧一绝"。桑派唱腔设计拓展了豫剧声腔艺术的空间和表现力度，提升了豫剧声腔艺术的品位，有着极高的艺术价值和美学价值，受到业界专家和学者的高度赞赏，也受到了广大观众的认可和追捧。由桑振君先生主演的《打金枝》《投衙》《下陈州》《八件衣》《对绣鞋》《白莲花》《杨乃武与小白菜》《英雄山》等剧目,早在20世纪50年代就蜚声梨园。

2008年,豫剧(桑派)入选第二批国家级非物质文化遗产名录。2018年,苗文华老师被确定为第五批国家级非物质文化遗产代表性项目代表性传承人。

火木丹青
广平葫芦烙画

龙常青老师（左一）教画葫芦烙画

非物质文化遗产篇

龙常青老师的葫芦烙画作品

葫芦烙画从明朝起即有文字记载。葫芦造型优美,无须人工雕琢就给人以喜气祥和的观感,烙画的"火烩工艺"将葫芦的木质材料与中国传统的烫画技法相结合,以烙铁代笔,把国画的各种手法,在葫芦光滑坚硬的表皮上呈现出来。烙铁所创造出来的焦、黑、褐、黄、白等多种层次和国画渲染的效果,极具丰富的表现力,花鸟、人物、山水、走兽等形象,活灵活现,引人入胜。

清朝时期,葫芦烙画就从农家菜地登上了艺术殿堂,成为一种集拙朴自然和高雅精美为一体的艺术品,还被选入宫廷皇家的收藏名录。

用于烙画的葫芦可选用当年晾干的葫芦,但有些人更愿意选用两年的皮质较好的葫芦进行烙画,并在烙画之前,对葫芦进行充分的风干、晾晒、把玩,以使其颜色更加纯正,这样的葫芦更容易烙出深浅层次。

烙画工具,一般采用25瓦或35瓦的电烙铁,

龙常青老师正在创作葫芦烙画

带有调压器。烙铁头可以根据需求改造成适合的形状,点、线、面等不同绘画需求都有相对应的烙画笔,可以将皴、染等各种画画的技法和写字的技法都体现出来。

我的葫芦烙画师父龙常青老师,在年轻的时候,有一个出去读书的机会,可以去省里的艺术学校学习绘画,但当时的龙老师已经订亲了,思想传统的父亲,认为终身大事更加重要,不允许龙老师去上学,要求龙老师完婚。因此,龙老师和这次专业学习的机会失之交臂。每当谈起这件事情,龙老师都有些感慨,龙老师的父亲也常常流露出后悔的神情。这件事情,继而也成了我这个做徒弟的心结,想要帮助龙老师和他的父亲解开心结。终于,在朋友的帮助下,我找到了河北

龙常青老师在大学授课

工程大学,学校刚好开设有国学馆,需要国学、传统技艺等方面的老师。在听我介绍了龙常青老师的情况后,校方非常高兴地聘请龙老师前往学校讲课。龙老师的父亲看着儿子站在了大学的讲堂上,很是欣喜,心里的亏欠感也慢慢释然了,父子之间的心结渐渐解开了。爱是永恒的,龙老师后来说:"我最尊敬的人永远是我父亲。"

泥之韵
广平泥塑

秦以军老师创作关公头像

非物质文化遗产篇

秦以军老师（左一）教作者和泥

　　泥塑，也称为彩塑，是一种古老的中国民间雕塑工艺品。我国泥塑艺术可考的历史上溯至距今4000至10000年前。自新石器时代之始，中国泥塑艺术一直没有间断过。发展到汉朝的时候泥塑已成为重要的艺术品种，当时的作品多数为陶俑、陶兽、陶马车、陶船等，其中有手捏的，也有模制的。随着道教的兴起和佛教的传入，道观、佛寺、庙堂对泥塑的需求快速增长，促进了泥塑艺术的发展。到了唐代，泥塑艺术的发展达到了顶峰。宋朝开始，泥塑的应用更加广泛，泥塑艺术的发展更加多样化，尤其是小型泥塑，如泥人摆件、泥玩也发展起来。明清时，已有专门从事泥人制作的作坊，并出现了很多典型的泥塑代表，如天津"泥人张"、无锡的"惠山泥人"等。

　　在街头巷尾，庙里堂前，经常能够看到形态各异的塑像，这些塑像有的栩栩如生，有的抽象独特，展示着一个地方的精神世界，讲述着一个

（上图）搭好骨架

（下图）为泥塑上底色

（上图）扎胎架

（下图）上颜色

年代的光阴故事。我非常喜欢这些塑像背后的故事，更喜欢这些艺术家们的手艺。能够亲手制作一座塑像，是我多年以来的梦想。来到广平跟秦以军老师学习泥塑，正值数九寒天，是做泥塑最不理想的季节。乡村的工作室，没有空调暖气，零下十五六摄氏度的低温，我一会儿就冻透了。寒冷的环境下和泥，要保持泥的状态，不能让和好的泥巴冻住，需要熟练的技巧。做泥塑，分多个步骤，每个步骤一旦开始，就不能停下来，需要一气呵成。每完成一步，我就得赶紧到街上跑一跑，唤醒已经冻麻了的手脚。学一门手艺不容易，当年秦老师学习泥塑的时候，也是春夏秋冬不停练习，才有了今天的手艺，也因为这份传承的精神和不懈的努力，秦老师被评为广平县非物质文化遗产传承人。

岁月锭痕
南小留木锭

非物质文化遗产篇

南小留木镟作品

036

郭玉生老师的木镟作品

传说南小留木镟技艺由上古轩辕黄帝所创,轩辕黄帝乘坐的木车就是木镟的原始产物。至今广平县南小留村中还留有纪念轩辕黄帝的神庙,庙内供有轩辕黄帝的画像,每年的正月初七,村里会举行盛大的集会来纪念轩辕黄帝。据考证,自明代起南小留村就已有人做木镟活儿。1949年前后,南小留村家家户户都有镟床,院子里堆满了木料,家里的男人几乎都会木镟活儿。

木镟制做的主要工具是一个长方形木制框架的镟床,附属工具是镟刀和用牛皮皮带绑制而成的车弓子。镟料都为木质,硬杂木、树根是比较好的材质。木镟的制做过程相当有趣,将木料的两头扎在镟床前面的铁钉上,固定好,右手拉动车弓使皮带带动胚子不断滚动,左手拿镟刀,不用模具不用电,全凭艺人的眼力与创造力,把心中所想器物制做出来。

郭玉生老师教作者手工做木镟

木镟制品多种多样，主要包括日常生活用品，如擀面杖、家具腿、捣蒜捶、木碗、棒槌以及儿童玩具，如陀螺、葫芦、口哨、小磙子、小蹦猴等，另外还可以制作木质配件、模具。当地流传有"北小留砍，南小留镟"的美誉。

每个人都有自己一生难忘的事情、难忘的人，南小留木镟技艺传承人郭玉生老师最难忘的人，就是曾经帮助过他的李老师。我跟郭老师学习木镟的时候，他常讲起当年认识山东李老师的往事。每当提起旧友，郭老师的眼睛里就总会噙着泪花。当年，木镟手艺是很多南小留村人除了种地以外谋生的活计。农闲季节，手艺人走街串巷，做镟活。冬天里，乡村的人们只有在中午的时候才出来晒太阳，这是一天中买卖最好的时候，所以，手艺人在外，是顾不上吃午饭的，要抓紧时间干活赚钱，一直忙到下午，再用碎木屑生火做顿简单的晚饭。晚上路远回不了家，就只能在破庙旧屋里将就过夜，第二天起来接着赶路做活。郭老师年轻的时候在山东冠县的村里做镟活儿。当地村子里的李老师看他很辛苦，就把郭老师接到家里，管吃管住。寒冬腊月，有一口热饭是多么幸福的事情，两个年轻人就这样结下了深厚的友谊。现在郭老师年纪大了，走不了远路，但是他一直惦记着山东冠县的李老师，我也希望能帮助两位老弟兄重聚。于是，我私下去了一趟山东冠县，几经周折找到

郭老师在手工做木镟

了李老师家。令我遗憾的是李老师病卧在床已经好几年了,现在连话都说不出来了,只能用眼睛传递心里想说的话。我知道两位老人没有办法相聚了,郭老师的愿望难以实现了。我没有将这趟冠县之行告诉郭玉生老师,就让郭老师对旧友的记忆仍停留在美好的时光里吧。我希望我的决定是正确的。

2013 年,南小留木镟技艺入选河北省第五批省级非物质文化遗产名录。

水陆画心

水陆画

张贞美老师的水陆画作品

非物质文化遗产篇

张贞美老师教作者画水陆画像

　　水陆法会是佛教为超度亡灵、普济水陆一切鬼神而举行的一种重要法会。水陆画是民间举行水陆法会时供奉的宗教画像，有画轴、壁画等。水陆画题材主要取自儒、释、道文化，内容丰富，人物造型优美，既有工笔重彩，又有水墨黑白，勾勒、渲染细腻。创作水陆画时，先用泥块在白棉布上画出轮廓进行构图，再用毛笔勾勒边框，掸去泥粉，选用合适的矿物颜料，用毛笔完成着色。

　　文化的传承，是责任的传承，更是爱的传承。张贞美老师继承和传播水陆画艺术，就源自对父

作者画玉帝画像

张贞美老师在调制颜料

认真勾勒、着色

张贞美老师在创作水陆画

亲的怀念。张老师从小就跟着父亲画画,水陆画是水陆法会的产物,20世纪70年代,很多人家做法会的时候,要请人画灵棚。张老师就跟着父亲,去给人家画灵棚。她目睹了人们对亡者的追思和怀念,对生命有了更深刻的理解,爱与责任成为了张老师的为人之本。在父亲辞世之后,张老师为父亲守孝三年。这三年中,她整理了父亲留存下来的水陆画,除了水陆法会上用到的宗教画之外,还有很多戏曲人物的画像。当年父亲在世的时候,喜欢看戏,看完戏之后,就把不同角色的戏服画下来。久而久之,积攒了各类角色服装和脸谱的绘画作品。张老师因常跟着父亲看戏,对戏曲同样也有着浓厚的兴趣,对戏服、脸谱有着清晰的记忆。看着父亲的作品,张老师暗下决心,要完成父亲对戏服脸谱的绘制记录,将父亲的作

张贞美老师创作的《父亲作画图》

品整理完善。张老师一边创作,一边传授水陆画绘画技艺,义务教授儿童学习水陆画。来自全国各地学习交流的人络绎不绝,水陆画技艺得到了广泛传播。

2014年,水陆画入选第四批国家级非物质文化遗产代表性项目名录。

时间的味道

大名二毛烧鸡

大名古城

精选调料熬制汤锅

二毛烧鸡店门脸

大名二毛烧鸡由王德兴创始于清朝嘉庆十四年（1809年）。当时王德兴先生在直隶大名府，就是现在的邯郸市大名县城内，开了个烧鸡铺子，烧鸡的口味深得邻里喜欢，因为王德兴先生乳名叫"二毛"，所以邻里们亲切地称呼他的烧鸡为"二毛烧鸡"。传闻道光年间，新任府尹上任路过烧鸡店，闻香落轿。品鸡问其名，随口吟诗曰："夸官逍遥道,闻香品佳肴。适逢设盛宴,吾必备二毛"。从此"二毛烧鸡"誉满全城，并留下了"一锅烧鸡满城香"的美誉。这就是大名二毛烧鸡的来历。

二毛烧鸡制作上有讲究。首先，选料讲究。精选生鸡，选用当年生长一二斤左右的雏鸡，然后宰杀放血，褪毛去爪，解剖造型。加工后的白条鸡，要求鸡皮光洁，色泽鲜正，腹内干净，翅、腿、颈等部位安放得当，造型美观。其次，配料适当而齐全。在煮鸡时主要配料有：砂仁、桂南、良姜、肉桂、陈皮、白芷等十几味药料和上等酱油。

从魏县赶过来买烧鸡的熟客

再次,煮鸡方法讲究。用火文武兼施,蒙油盖顶,火候掌握适当,一般要煮三四小时以上,至药料入味透彻为止。鸡汤的味道极为鲜美醇厚。

由于采取以上制作方法,"二毛烧鸡"的色、香、味、形俱佳。在醇厚的咸鲜中,骨酥肉烂,咸味略重,久放不变其味,就是炎热的夏季,也能放上一周保持鲜味。鸡肉含有维生素C、维生素E等,蛋白质的含量较高,有利消化。由于用的药料齐全,经常食用"二毛烧鸡",能温中和胃,消痰理气,增加食欲。

2013年,二毛烧鸡制作技艺入选河北省第五批省级非物质文化遗产名录。

编制旧时光
成安草编

杨桂荣奶奶的草编作品

作者跟杨桂荣奶奶和杨奶奶的女儿学习草编

草编工艺是民间广泛流传的一种手工技艺。据考古发掘，目前可见的中国最早的草编遗物是河姆渡人制作的，距今已有7000年之久。草编的种类很多，有史记载以来，就有用蒲草、萱麻、麦秸等编制的器具。据《礼记》记载，周代已有蒲草编制的莞席，并且有专业的"草工""作萑苇之器"。到春秋战国时期，已有用萱麻和蒲草编制的斗笠。秦汉时期，草鞋、草席、草扇、草帘、蒲团等器物开始盛行。至盛唐时期，除了蒲草编

杨桂荣奶奶的草编作品

母女一起做草编

制蒲衣、蒲鞋外,还有蒲草编制的船帆。

我国长江流域地区的草编原料多用野生的黄草、苏草、席草(水毛花)、金丝草、蒲草、龙须草、马蔺草、蒯草、荇草、竹壳、箬壳等,也有用人工栽培的农作物稻草为原料的。北方的草编多取材以茅草、麦秸等,常制成草帘子、草席子以及一些草篓、草盘子、蒲团等。邯郸大名草编,于清朝雍正年间(1723—1735年)从山东掖县传入,起初流传于大名西付集乡朱家村一带,后发展到周边地区。

我的非遗技艺老师们,年龄最大的,当数成

90多岁的杨桂荣奶奶劳作不辍

安的杨桂荣奶奶。我跟杨奶奶学习草编技艺的时候，她已经92岁了。但是，杨奶奶耳不聋眼不花，脑子更不糊涂，对我特别亲切。在学习期间，最让我着迷的事情不仅仅是学习草编，还有奶奶津津乐道的故事。最让我印象深刻的是杨奶奶讲的一个发生在抗日战争时候的真实故事。那一天奶奶家里突然来了一个人，她认识这个人，知道他是一位地下党员。这人被敌人追赶受了伤，眼看敌人追到村子里面，开始挨家挨户搜人，奶奶毫不犹豫地把这位同志藏进了家里装粮食的缸里。敌人进来后，奶奶好茶好水招待着，颇有《红灯记》

编制旧时光

里面李奶奶的气派，几番周旋，终于安全地救下了这位地下党员。我也对奶奶肃然起敬，庆幸自己能够跟这样一位有胆有识的奶奶学习技艺。

杨奶奶在村里德高望重，村里的大事小情，邻里之间家长里短，都会找杨奶奶来说道说道。杨奶奶总是能想办法把两边的人家安抚好。我问奶奶有什么绝招儿，奶奶告诉我："邻里之间的那点小矛盾，无非就是一些鸡毛蒜皮的小事，我给说道清楚了，他们就乐呵了，谁都没吃亏，自然就不吵了。"后来我知道，仅是处理这些小事情，奶奶每年可是要耗费不少精力，她不是轻轻松松、随随便便就被人称颂的。谓之"德高望重"，杨奶奶当之无愧。

2008年，大名草编入选第二批国家级非物质文化遗产名录。

木偶守望
馆陶木偶戏

滩上村杖头木偶表演

杖头木偶扮相

木偶戏又称傀儡戏。它有着悠久的历史，据传，汉朝时就已出现，20世纪中期曾活跃于冀南和鲁西北一带。由于形式独特，唱腔脍炙人口，颇受群众喜欢。

木偶戏由木偶、操纵演员、配音演员和乐队四部分组成，多用戏曲曲调演出，有的用对话或歌舞表演。现存的木偶戏形式有三种，即布袋木偶、杖头木偶和提线木偶。杖头木偶又分为大木偶、中木偶、小木偶（精木偶）三种，三种木偶各有千秋。关于木偶戏的唱腔，在不同的地区，会有不同的风格，如四川的杖头木偶唱腔受川剧影响，通常用川剧唱腔；馆陶滩上村的杖头木偶戏，则用的四股弦唱腔。

馆陶杖头木偶戏表演者用三根木杆操作木偶，主杆置于偶人后背中部，掌握身的前后仰俯；侧杆两根，分置于两臂，掌握两臂及手的动态。木

孟庆平老师教作者表演杖头木偶

孟庆平老师和老搭档一起教作者唱腔

偶表演动作丰富，尤其手部动作，可细腻地表演出人物的各种情态。人们称赞说："木头人，木头人，真正像个人；木偶剧，木偶剧，活像真人在演戏。"馆陶木偶戏主要剧目有《小姑贤》《王林休妻》等，其伴奏乐器有鼓、锣、镲、钹、笙、笛、四股弦等。

馆陶杖头木偶戏曾经是活跃于民间的传统艺术形式，深受百姓的喜爱。这种艺术形式对研究华北地区方言、汉民族造型艺术和服饰文化都有重要的参考价值，也是了解近代民间戏曲发展很好的样本。

农村是我长大的地方，乡亲们的念想，也深深地印在我的心里，我明白大家的心思。说到传承，很多时候没有什么特别的理由，就是觉得不能让老祖宗传下来的东西断了线。但是，有些时候，生活的压力让他们不得不改变自己的选择，换一种方法坚守。

孟老师带着杖头木偶剧团，走街串巷，走进校园，表演木偶戏，可现实的情况是靠杖头木偶的演出，已经不能满足剧团里人们的生活需求。愿意学习木偶戏的人越来越少了，文武场只有两个老兄弟还能伸伸手，唱戏的角色，也只有三个人，出门演戏，连搭戏台子都费劲了，而且，家家户户、老老小小都要吃喝，出门演戏不赚钱的话，就没有人愿意出去了。我跟孟老师学戏，最大的愿望就是能邀请剧团出去演出，即使是自费邀请老师们出去，也是好的，至少可以让更多的人知道馆陶滩上村有个木偶剧团。于是，我邀请孟老师和剧团的其他几位老师一起去广平的赵王欢乐城演出。那天刚好赶上下大雪，我真的担心老人们的身体，但是，我看到的是老人们高涨的热情，浑身都是劲儿。他们似乎一下子年轻了，丝毫感觉不到疲劳。可见，舞台对于这些老人来说是多么有魅力！在他们看来，能唱上一出，能让更多的人看看木偶戏，比什么都有意义。

2007年，馆陶木偶戏入选河北省第二批省级非物质文化遗产名录。

今世梨园情 武安平调落子

落子戏非遗传承人
李爱华老师

杜银方老师

武安平调落子是"武安平调"和"武安落子"的总称,其中"武安落子"别称"落子剧",又称"落子腔",属于河北省地方戏曲剧种之一。武安落子属于板腔体,发源于河北武安,流行于邯郸广大地区,北至河北邢台沙河、南和,西至山西长治黎城、潞城、左权,南至河南安阳、林州、内黄、汤阴等地。武安落子是武安独有的剧种,与通化落子、上党落子、内黄落子等声腔之间存在源缘关系。流传于河北邯郸的称武安落子,在山西省黎城县一带称上党落子,在河南省内黄县称内黄落腔。

武安落子原名莲花落,清末由武安民间流行的"花唱"发展而来。开始由数人手持霸王鞭对唱,后来发展成化妆表演,角色也有了生旦之分,逐渐登上舞台形成剧种。落子唱腔属板式变化体,有慢板、高腔、娃子、悲腔、迷子等板式和腔调,

武安城市公园航拍

杜银方老师演出《吕蒙正赶斋》

杜银方老师教作者舞台基本功

旋律优美动听，有浓郁的乡土气息。在伴奏中，主要乐器"二弦""轧琴"的使用在全国是绝无仅有的。研究这两种乐器的起源和发展，具有很高的学术研究价值。武安落子角色齐全，主要分小旦、青衣、小生、小丑、老生等行，但分工不甚严格，有些行当常可兼演。其表演不以武功和戏曲程式见长，而是将秧歌、高跷等民间舞蹈和生活动作融于戏中，边唱边做，载歌载舞，在叙事中抒情，幽默风趣，活泼生动。

　　我的两位落子戏老师是国家级非遗传承人杜银方和他的爱人李爱华，他们是因戏结缘的两位老人。他们第一次在剧团里相遇的时候，杜老师12岁，李老师9岁。相信那个时候，两个孩童无论如何都想不到对方是和自己相伴一生的人。后来两个人一起学戏演戏，入戏最深的演出，应该就是《吕蒙正赶斋》了。两人就如同戏中人物一样，相互爱恋，相互吸引，一直相伴至今。正如杜老师说的那样，演戏，本来就是要用感情的。唱戏不只是唱词，更重要的是唱词中的情感，没有了情感，再美的嗓音也是干瘪无味的。此外，还要结合当地的文化，唱哪里的戏，就要说哪里的话。我跟杜老师学习落子戏，杜老师就特别严格地要求我，一定要用武安话来演唱，这样才会有落子戏的味道。杜老师一生都活在戏中，直到现在，只要谈到戏，杜老师就会眼睛放亮，精神抖擞。

武安落子共有传统剧目140余出，代表性剧目有《借髢髢》《端花》《吕蒙正赶斋》《老少换妻》《大上吊》《顶灯》《安安送米》等，另有多部现代剧如《黄粱梦》等。落子戏《端花》选段曾进中南海为周总理演出过。

2006年，武安平调落子入选第一批国家级非物质文化遗产名录。

千年花桌
永年抬花桌

扎花桌

非物质文化遗产篇

临洺关抬花桌的热闹场面

永年抬花桌主要流传于永年区（原永年县）的临洺关镇六道街。这个活动始兴于唐代初期，距今已有1000余年的历史。抬花桌融民间工艺制作、抬舞、吹奏、打击乐于一体，是一种具有鲜明燕赵地域文化特色的民间舞蹈文化样式，是民间欢庆丰年、节庆盛典不可缺少的重要民间艺术活动。

永年临洺关的抬花桌，是群众自发的一种祈福活动，民间自娱自乐，庆祝吉祥年，求神灵保佑，以获得好收成、好运气。每年抬花桌开始的日子，整个临洺关的人们，其乐融融地聚在一起，讨论花桌的架子、插花、造型，还要考虑做出来的花桌，抬在肩上是否能够悠起来、颤起来，是否威风，喊的号子可以有什么新词儿，等等。

我在学抬花桌的这段时间，天天待在裴保林老师家里，每天看着裴老师老两口暖暖的日子，心中很是羡慕。裴老师每年都会有一双崭新的布

抬花桌时抬杆要顶在锁骨凹陷处

裴保林老师

鞋,这种千层底儿,穿在脚上甭提有多舒服了。裴老师特别自豪,说这辈子最幸福的事儿,就是打年轻的时候就抬花桌,一年不落,修来了好福份,找了个好老伴儿,和自己一起操持这个家。每年还有新鞋子穿,尽管商场里面卖鞋子的有很多,但啥都不如老伴儿纳的千层底儿穿着舒服。今年抬花桌,老伴儿又早早开始纳起了千层底儿。

永年花桌以独特的传统工艺制作而成,一般重达200余斤,在类似八仙桌一样的桌子上遍插各类花卉,形成高拱造型,花桌穿插长达5米的两根抬杆,由8人或16人抬着原地舞动或花步行走。一人扶杆,呼喊口号并进行指挥。花桌前以永年鼓吹、唢呐吹奏为抬舞者伴奏。常吹奏的曲目一般是《霸王鞭》《小木碗》《扯不断》等。抬花桌的队伍都是民间自发组成的,一抬花桌需要四五十人。抬花桌的舞步有前后搓步、八字步、

抬花桌表演

花步、秧歌步、抖肩换肩等,行走起来鼓乐声喧,花枝飞舞,整齐协调,十分壮观。抬花桌一般固定在元宵节期间表演展示,从祭桌、插桌、抬桌,到最后拆桌、封桌都有一套约定俗成的仪式流程。

永年抬花桌作为一项民间舞蹈艺术形式,有着传统的抬舞技巧、步伐程式以及主要仪式;具有丰富的文化内涵,蕴含着老百姓追求太平和美好生活的朴素理想,也是研究中国民间仪式文化和舞蹈艺术发展的重要标本。

2008年,永年抬花桌作为民间社火中的一项入选第二批国家级非物质文化遗产名录。

家的味道
广平殷记酥肉

非物质文化遗产篇

南街酥肉

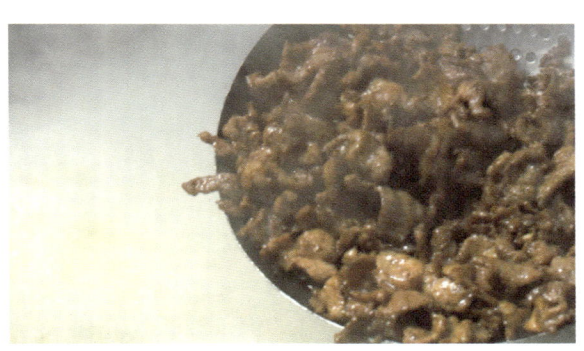

刚刚炸好的酥肉

殷记酥肉是河北省广平县传统名吃,由殷德胜老先生于1846年创立。酥肉由烹饪者根据多年的厨膳经验,采用古法技艺,配以多种佐料研制而成。这个味道是聚集殷家人世世代代相聚相融的味道。逢年过节,家境殷实的殷家,都会烹制熟肉,这项手艺直到殷振峰老师的父辈,才被拿出来与乡里人分享。酥肉一经品尝,就得到了人们的赞赏,然后殷家在南街上开了个馆子,就被传开了。殷老师在传承的基础上,不断地调整酥肉的味道,让祖传的味道更加美妙。

殷记酥肉选用纯鲜精瘦肉,先把肉切成两厘米左右的肉片,加入适量的盐,再把加工好的草果、花椒、砂仁、特制酱油等佐料搅拌均匀后,下油锅炸至金黄色,再浇上大骨老汤,上笼屉用硬火大气蒸制而成。味美汤鲜,酥烂爽口香而不腻。殷家在选材、油炸、蒸煮方面严格地按照祖上留下来的规矩,又在调料上添配自己的研创,酥肉

作者跟殷振峰老师（左一）学习制作酥肉

入味更加浓郁，更加符合当地人的口感。现在每当逢年过节，一家人还是和之前一样，聚在一起吃酥肉。殷老师也希望有更多的人会做酥肉，学习酥肉的手艺，让更多的人能够吃到酥肉。殷老师说，手艺是不能锁起来的，锁着锁着就锁没了，还是让更多人学习才好。殷老师被评为非物质文化遗产传承人，按他的说法，希望这门烹制酥肉的手艺，可以有更多人传承推广。

殷记酥肉制作技艺于 2017 年入选广平县第四批县级非物质文化遗产名录。

脚下乾坤 二贵摔跤

"二贵摔跤"表演现场

"二贵摔跤"表演

"二贵摔跤"由传统的体育竞技"乔相扑"演化而来，至今已有近300年历史，是流传于民间的一种传统的道具舞蹈。在广平主要分布在南韩村乡北盐池村一带。

"二贵摔跤"又称"二鬼摔跤"，"二贵摔跤"为单人表演，表演者身背装成两人的木架，其道具是两个"鬼"的上半身造型，并且二"鬼"绑成两臂相扭、互相搏斗的姿势，身着不同颜色古装长衫，表演者在道具里面隐藏着，双手"穿"着一双鞋代表另一个摔跤者的双脚，全程手脚并用，弯腰表演相互进攻、相互摔扭，进行"走、转、抡、滚、翻、踢"等有难度的动作，全套动作一气呵成，真假难辨，令人捧腹。在鼓乐的烘托下，表演生龙活虎，气氛热烈火爆，深受群众喜爱，成为节日庙会中的"压街"节目。

学习"二贵摔跤"是一次难忘的经历，不仅

杨玉华老师传授"二贵摔跤"技艺

杨玉华老师指导练习"二贵摔跤"

仅因为磨破了膝盖,双手磨出了水泡,更多的是因为来自村民的感动。眼下,虽然有一些人物质至上,但在北盐池村杨文军团长带领下的艺术团,我看到的则是另外一种景象。在这里,可以看到人们对艺术或者说对技艺的追求,可以看到人们为传承的付出,而这些默默付出的人们,只是一些普普通通的农民。杨玉华老师是非物质文化遗产代表性项目"二贵摔跤"的传承人。虽然,仅靠演出无法养家糊口。孩子上学需要钱、盖房修屋需要钱,所有的这些开销,都需要杨玉华老师出门打工赚钱,供给家用。但是,杨老师从来没有间断练习,用他自己的话来说,就是不能辜负了师祖对他的信任,要把"二贵摔跤"传承好。村里的艺术团从规模及道具来看,很多人以为是村集体的艺术团。其实不然,这是一个私人组建的艺术团,建立者就是杨文军团长的父亲,他用自己的微薄收入，置办了各种各样的设备，召集村里的人们来这里训练。如今父亲病卧在床，杨文军团长为了照顾父母，便放弃了外面打拼的产业，回到家里，同时也挑起了艺术团团长的担子。北盐池村艺术团在杨团长的带领下，在广平周边的十里八乡有了很大的影响力，现在艺术团经常会接到各种邀请，参加各种各样的社会公益活动。

"二贵摔跤"道具的玄妙之处是你站着它躺着，你趴着它卧着，你坐着它还躺着，大裙摆一放下来，你腰一弯、头一低时，他就变成完完整整两个人了，所以这个道具看似简单，却造就了奇妙的感官体验。"一人顶两人，难解又难分，自己摔自己，脚底定乾坤。"这是对"二贵摔跤"表演最贴切的描述。

2018年，"二贵摔跤"入选广平县县级非物质文化遗产名录。

五百里居住

大名五百居香肠

王燕军老师（右一）教作者制作调料

非物质文化遗产篇

煮好的五百居香肠

大名五百居香肠创始于清道光元年（1821年），其创始人王湘云，原籍山东济南历城县，幼年家贫，从小跟本家老人王珍学习肉食加工技艺，后随道台到大名，在大名城内道前街开设了以香肠、熟肉制品为主的店铺，因为大名府距离济南府约五百里，故取店名"五百居"。五百居香肠与山东莱芜香肠、济南香肠同出一宗，旧称为"南肠"（因其主要香料产自南洋一带，故称南肠）。南肠口味与广味香肠的甜、川味香肠的辣不同，以咸香为主味，适合北方人的口味。大名五百居香肠是在南肠的基础上不断发展创新而来的，其口感更醇厚浓郁，回味更香。

五百居香肠采用传统纯手工制作，配料独特，制作技艺为家传秘方。其配料主要为上等石落子、砂仁、桂楠等中药食料。食材制作非常讲究，精选六成瘦的猪肉，去骨去皮，切戒一二厘米的肉丁，加入适量的姜末和盐，再把加工好的配料和陈年

灌煮香肠

作者制作香肠

酱油搅拌均匀，放置三小时，待料味入肉后再灌入洗净的新鲜肠衣内，每灌14厘米左右用麻绳扎紧，边灌边扎，直至整肠衣灌满，然后把灌好的生香肠经过大约20天的自然风干晾晒，再下锅用文火蒸煮20分钟捞出，即可食用。以此方法制出的成品香肠色泽纯正，粗细均匀，香味醇厚，且经久耐放，炎夏酷暑不腐不蛀。香肠肉质肥瘦适宜，口味甜咸兼备，软滑利口，香而不腻，回味悠长。

跟王燕军老师学习做香肠，最让我难忘的就是买猪肉。记得小时候去买菜或者去买粮食，有时候卖菜的爷爷正在远处干活儿，我们只需要老远打一声招呼，就把菜拿走了，钱不合适，还会自己调整一下菜的多少，卖菜的爷爷不需要跑过来看看拿走了多少菜，留下了多少钱。这次跟王老师去买猪肉，又看到了这样的场景。王老师每次买完猪肉，回家后拿起一个小本子，写上时间和买肉的斤两，月底再去给肉铺结账。买和卖，向来是分毫不差，这种人与人之间朴实的信任在当今如此纷繁复杂的社会中，是多么的珍贵！由此我对大名有了新的情感，我喜欢这座城，这座有历史、有文化、有温度的城。

大名五百居香肠制作技艺于2013年入选河北省第五批省级非物质文化遗产名录。

染匠痴心
魏县花布印染

霍连文老师收藏的印染花布

非物质文化遗产篇

霍连文老师讲述画布印染历史

魏县花布印染技艺，包括手工蓝印花布与手工彩印花布技艺两种，始于宋代，广泛普及于明代，鼎盛于清代。至20世纪80年代，全县有60多家印染作坊进行蓝印与彩印花布加工。现今，魏县非物质文化遗产保护中心收集旧花布作品一万余件，花样达800多种，其中有明、清时代蓝印花布作品100多件，清代彩印花布作品10多件。其中，平安牡丹、凤凰牡丹和石榴寿桃图等保存完整，色彩鲜艳，造型完美，图案清新，堪称艺术珍品。

魏县花布印染的蓝印花布有靛青制作、调缸、镂刻花版、印纺染浆、染色、刮灰浆等工艺；彩印花布有刻花版、染底色、套色印花等程序。蓝印花布保留了天然靛青染色工艺，以及耐磨、耐脏、透气、吸汗的特性，深受人们的喜爱。凤戏牡丹、连年有余、狮子滚绣球、福寿双全、麒麟送子、梅兰竹菊等有深刻寓意的花布图案多达上千种。

霍连文老师
教作者制作
印染印板

霍连文老师的非遗印染技术传习所

霍连文是魏县花布印染技艺的非遗传承人，学习花布印染，不仅仅是他从小立下的志愿，也是他此生最大的兴趣。他从小就喜欢印染，对花布印染充满了好奇，常去观看邻居家里的印染匠人是如何印花布的，然后学着人家的样子去印花布。随着时间的推移，霍老师对花布印染越来越痴迷，并且开始深入系统地学习和研究花布印染技艺。从制版到印刷，从历史研究到设计创新，现在霍老师在花布印染方面已然是一位资深专家。他发明的套版印刷技术解决了印刷流程中最难解决的错位版的问题。他收藏了无数的老花布，简直可以编成花布印染样板全书了。他收藏的印版，更是研究中国北方印版印花技术的珍宝。所有的这些，是经过霍老师数十年的探访、收集、整理而获得的。为了这些珍贵的资料，霍老师几乎花光了他所有的积蓄，用"痴心"二字来形容真不为过。

魏县花布染织技艺，表现了历代劳动人民的审美情趣和对美满婚姻、儿孙满堂、家庭幸福、吉祥如意的向往和追求，对研究魏县及冀南地区衣饰民俗和审美观念有重要价值。

魏县花布印染技艺于2007年入选河北省第二批省级非物质文化遗产名录。

泥火之歌 磁州窑

任双和老师（右一）教作者画瓷坯

非遗传承人刘鹏举教作者拉坯

　　磁州在北宋时期指今天河北省邯郸市磁县观台镇与峰峰矿区彭城镇一带。这里自北宋中期开始创烧瓷器，逐渐形成红红火火的磁州窑，并达到鼎盛之境，南宋、元、明、清仍有延续。磁州窑是中国古代北方最大的民窑体系，也是著名的汉族民间瓷窑，有"南有景德，北有彭城"之说。

　　磁州窑瓷器产量很大，造型也十分丰富，主要生产民间日用瓷具，还有少量的文具、玩具、娱乐用品及各种瓷塑等，尤以多种多样的瓷枕最具代表性。磁州窑瓷器最突出的特点是淳朴、粗犷，大件器皿豪放雄伟，神态端庄古朴，有气魄；小件器皿制作精美，盘、碗、碟类注重灵巧实用，形体比例完美，轻重适度，线条干净利落，造型与装饰能够达到完美的和谐统一。

　　磁州窑的影响所及，包括长江、黄河流域的山东、山西、四川甚至从东北传到朝鲜和日本，古陶瓷界习惯把具有磁州窑风格的产品称为"磁州窑系"。

刘立中老师的作品 国家级非遗传承人

磁州窑的传统生产原料由本地生产，主要有青土、白碱、缸土、笼土、黄土（黑药土）、紫木节、紫砂土、耐火粘土、水冶长石等，窑工对瓷土的应用有一套千变万化的使用技艺，窑变产品五彩缤纷。

古代磁州窑瓷器传统制坯方法包括盘条、拉坯、印坯、雕塑等，窑工们还因地制宜创造了一套陶瓷加工技艺。磁州窑陶瓷追求洁白，但磁州当地缺乏优质高岭土，用作坯料的主要是大青土、缸土、三节土等。由于原料中含铁、钛较多，在

装窑

氧化燃烧后呈灰白或灰黄色。为了使陶瓷呈洁白颜色，远在仰韶文化时期的彩陶烧制就开始出现了白色化妆技法，北朝烧制的青瓷也都采用过白色化妆技法，用这种化妆技法生产化妆白瓷，并在化妆白瓷上再施以各种纹理装饰，则是宋代磁州窑陶工的伟大发明创造。

这种独特的装饰法与其他名窑如钧、汝、官、哥等窑以色釉装饰大不相同，也有别于定窑的白瓷印花及陕西耀州窑的青瓷刻花，这种化妆瓷生产遍布中国北方许多地区。随之磁州窑产生了白釉刻划花、黑釉刻划花、剔花、白釉黑花、红绿彩、珍珠地刻花等数十种装饰技法，产生出一大批艺术价值很高的精品。

  匠心所至，有器大成。学习制作磁州窑瓷器的过程中，既感叹老师一辈子的坚守，同时也对中国古人的智慧又有了更新的认识，对于美也有了不同的解读。考虑到环保，现在烧窑通常是气窑，但这一次学习，用的是柴窑。整个烧制过程，我从装窑、点火、守窑到出窑始终守在边上，和几位师兄换着班，不停地观察窑内的情况，根据不同的阶段需要来控制火势，调整窑内温度，仔细观察窑变过程。终于在瓷器出窑之后，看到了成果，也明白了为什么烧制瓷器是一门伟大的艺术。看着烧制出来的器物釉面因窑温的变化而产生的色彩变化，由衷地惊叹窑变之美。同样的釉彩，因窑温的变化、窑内位置的不同以及瓷釉的厚薄差异等，会产生奇妙的色彩变化，这就是所谓泥火之歌。

  2006年，磁州窑烧制技艺入选第一批国家级非物质文化遗产名录。

纺车声声

魏县土纺土织

张爱芳老师教作者纺线

非物质文化遗产篇

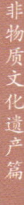

手工织布

魏县的地理环境和气候特别适宜棉花种植，所以，在农村种植棉花十分普遍，民间土纺土织技术十分发达，家家都有木制的纺车和织布机，成年妇女都会摇车纺线、蹬机织布。老辈人身上穿的衣服，床上用的床单、被褥，包袱皮，闺女嫁妆等都来自农家自己织的布。

魏县土纺土织器具有纺花车、络子、风撑、线拐子、染缸、缯、杼、线管、梭子、织布机等。织布的工艺程序包括搓花节、纺线、打线、染线、浆线、络线、印布、闯杼、掏缯、倒纬、绑机、织布等工序。决定条、格、花纹图案的关键是看经纬色线的排列和纺织布缯的多少。缯，分二页缯和四页缯。二页缯，用单梭可织白布、条纹布，用多个梭，将经纬色线有序排列，可织出多种多样的方格布；四页缯能织出纹理美观、层次丰富的花纹布。

张爱芳老师教作者手工织布技术

使用织布机

　　魏县土纺土织经过广大妇女长时间生产实践，创造出了条格、花纹多达 200 余种的花色图案。条纹布有菜瓜道、七彩虹、半个脸等；方格布有席子纹、筛子底儿、石榴子儿、"苏联大开花"等；四页缯布有水纹、斜纹、斗纹、胡椒花纹等。有些纺织艺人还可织出多种装饰图案和书法作品。

　　魏县沙口集乡李家口村郭家坊的张爱芳老师，是土纺土织技艺的非物质文化遗产传承人，是我的师父。我去和张老师学习纺织，从染线到纺纱、从经线到织布，每一个环节，张老师都特别用心地教我。张老师是一个风趣的老太太，一边教我纺织，还一边给我讲故事、猜谜语。她还惦记着我的冷暖，亲手给我缝了一件衣服。我已经很久没有穿过这样一针一线缝出来的衣服了，心里温暖极了。这次拍摄纪录片，我把郭家坊的院落，好好地记录了下来，因为张老师说，用不了多久，整个村子就要搬迁了。漳河水千百年来哺育着这

用棉花纺线

个村庄，带来了肥沃的土壤，但也带来了灾难，为了安全，整个村庄会搬到漳河另外一侧。站在自己的老宅院里，我明显地感到老人家的不舍，毕竟这一代代郭家人生活的老宅院，融着祖上浓浓的情，承载着一代一代人的生活印迹。

"男耕女织古风俗，衣食住行冠为首"，魏县土纺土织技艺在河北省乃至全国都具有一定的代表性，对于研究中国纺织史和前人的生活习俗等都具有独特的学术价值。

2008年，魏县土纺土织技艺入选河北省第二批省级非物质文化遗产名录。

缯肘留香

广平崔岭缯肘

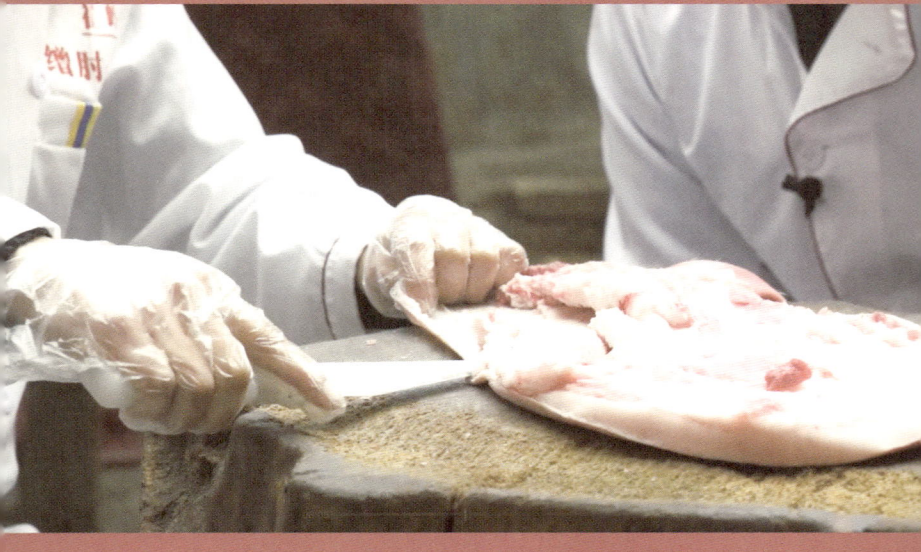

崔岭缯肘

非物质文化遗产篇

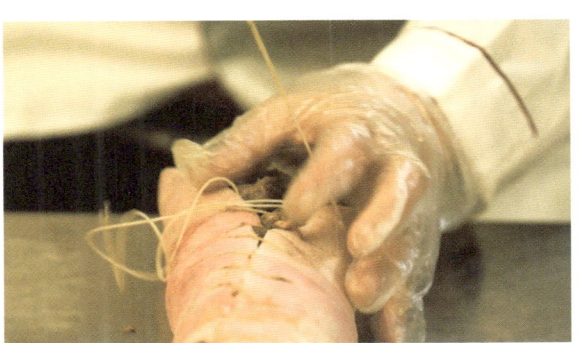

缝合缯肘

广平缯肘制作技艺由来已久，距今已有约150年历史。

广平缯肘是由一整条猪前腿连带猪蹄手工加工而成，纯瘦肉，无骨，全国独有。中医认为，猪蹄性平，味甘咸，具有补虚弱、填肾精、健腰膝等功能。何谓缯肘？缯，一是指古代丝织品的总称，这里指缯线；二是指捆、扎之意。肘，这里指整条猪前腿。将猪前腿去掉肥肉和骨头，填充纯瘦肉后，用线绳捆缠住，用粗布包裹，煮熟后即可食用的肘子，称作缯肘。其辅料为秘方配制，有白芷、肉蔻、丁香、大料等十几种天然上等香辛料及食盐，不加食品添加剂、淀粉等。缯肘非烧烤、非油炸、非熏制，属健康食品。广平缯肘的产品有猪腿带蹄大缯肘、五香缯肘、精包装缯肘三大种类，味道醇香，可口不腻，安全放心，可长时储存，食用方便。

崔丽萍老师(左)教作者去皮、切肉

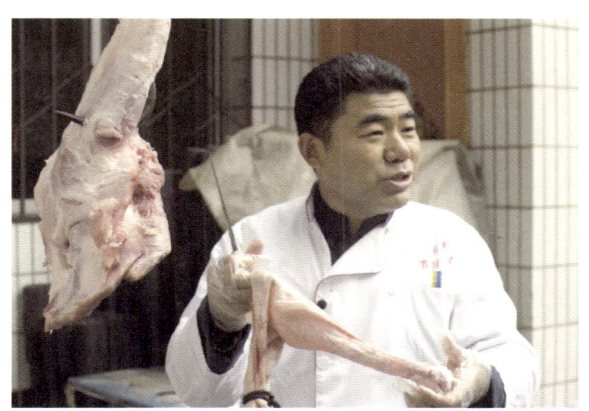

完成猪腿去皮

学习制作缯肘之前,我想象师父的样子,应该是一个大汉,身强体壮,说话声音洪亮,性情豪爽。我小时候生活的农村,杀猪宰羊的事情,通常都是男人的活儿。当我得知崔岭缯肘的传承人是一位女性的时候,深感佩服。在跟崔丽萍老师学习缯肘制作技艺的过程中,领教了崔老师精湛的技术,剔骨下刀精准,切肉快速匀称,尤其是剔除连皮肥肉,更是精准到位,一手扽住肉皮,一手拿刀,下刀既要有力,还要深浅适中,用力过猛可能把肉皮戳破,用力不够则不能把肉剔下来。对于我这样的新手来说,操作起来很不容易,没一会儿扽肉皮的手就麻了,拿刀的手也酸了。但看崔老师,一边说话,一边下刀剔肉,轻松自如,毫不费劲。后来我问她是怎么练出来的,崔老师告诉我,这个活儿没有太多诀窍,就是靠日复一日地苦练。她当年剔骨去皮，左手被自己的右手戳过17刀，到现在都记忆深刻。

2009年，缯肘制作技艺被列入邯郸市非物质文化遗产名录。2020年，广平缯肘制作技艺列入河北省第七批省级非物质文化遗产名录。

太极人生 杨氏太极拳

练习太极枪

杨振河老师教作者

非物质文化遗产篇

杨振河老师（右一）教授太极十三式

太极拳见得太多了，大多是在社区广场、公园里看到的太极拳练习人群，他们动作舒缓优美，旨在强身健体；也有从电视等媒体上看到的太极拳大师，他们身怀各种旷世绝技，有着四两拨千斤等武侠故事情节。到底太极拳是怎样的一种拳法？这一次跟杨振河老师学习太极拳，我有了新的认识。原来真正的"太极拳"三个字，出现在清朝。当年杨露蝉和董海川比武，两代皇帝的老师翁同龢先生给杨露蝉写了一副对联：手捧太极震寰宇，身怀绝技压群英。跟皇上奏报的时候，说杨露蝉所用的拳法叫作太极拳。由此，太极拳的名字才开始流传开来。在此之前只有太极心法，太极功法，并无太极拳这一说，和电影小说里的故事描述是不一致的。当年的杨露蝉去陈家沟学拳，陈家沟的拳称为绵拳，并不叫太极拳。

在广府古城城墙上练习太极拳

杨振河老师教授太极拳

杨振河老师教授太极枪

　　杨氏太极拳已经有170多年的历史，发源地是邯郸市永年区广府古城。第一代祖师是杨露禅（1799—1872年），他从河南省温县陈家沟学习了太极拳的真功夫，艺成时，已是40岁左右。为了生活，他先在家乡永年教授太极拳，后应时任清刑部奉天司主事的亲戚武汝清（1803—1887年）的邀请，率次子杨班侯（1837—1892年）、季子杨健侯（1839—1917年）到北京教拳。杨露禅因武艺高强，江湖人称"杨无敌"。

　　杨露禅在北京教拳时，因弟子多为王公大臣、贝勒贵族，生活奢靡却体弱多病，不耐艰苦。杨露禅考虑到这些人的身体素质和保健需要，将太极拳中的一些高难度招数简化，使动作简单、柔和、易练，利于强身健体。后经几代人不断修改完善，定型成如今的杨氏太极拳。

太极拳强调"沾粘连随",不丢不顶,外柔内刚,暗含发劲,藏而不露。杨氏太极拳拳架舒展优美、身法中正、动作和顺、平正朴实、由松入柔、刚柔相济,一气呵成,犹如湖中泛舟轻灵沉着兼而有之。永年杨氏太极拳展示了人体文化的艺术性,老少皆宜练习,深受大众的喜爱,故而流传最广。

2006年,杨氏太极拳被选入第一批国家级非物质文化遗产名录。

一滴守艺
大名小磨香油

炼取小磨香油搅锅

非物质文化遗产篇

芝麻

香油,又叫芝麻油、麻油。在我国,香油的历史甚是久远。早在1700多年前三国时期已使用麻油,出自《三国志·魏书》:"宠驰往赴,募壮士数十人,折松为炬,灌以麻油,从上风放火烧贼攻具,射杀权弟子孙泰。"那时的麻油是用石臼法或木榨法生榨芝麻而成。晋人张华《博物志》所记"……以麻油蒸讫,复暴三过乃止"是关于香油用于饮食的最早记录。南北朝时,香油广泛用于餐饮,到了唐宋年间,香油被视为上等的食用植物油,应用得更加广泛。

大名县地处冀、鲁、豫三省交界,面粉、花生、香油、养殖是大名县的四大特色主导产业。大名小磨香油始创于明永乐年间,张姓迁民自山西迁至大名儒家寨时,携带一盘石磨,后以小磨香油为业。儒家寨村有座泰山行宫庙,凡进香的香客均喜带香油,使儒家寨香油由大名一地而达四面

李清林老师（右一）教作青筛选芝麻

八方。明天启年间，刑部尚书李养正（大名县西未庄乡大韩道村人）将小磨香油进贡给天启皇帝。天启帝品尝后，赞不绝口。作为地域特色产品，除李家小磨香油之外，还发展有张家、甄家、陈家、田家、刘家、申家等小磨香油大户，外地商人纷纷前来采购，大名每日车水马龙，异常繁荣。

大名小磨香油采用本地优质芝麻，以传统石磨和压榨技艺辅以现代化加工技艺制作而成，香味纯正，色泽晶莹，且不添加任何化工原料和防腐剂，既是深受广大群众喜爱的物美价廉常用调味品，又是常用养生保健品。它富含维生素E、卵磷脂、亚油酸、烟酸、叶酸、蛋白质、钙、磷、铁等元素，具有促进细胞新生，抗动脉硬化，延缓衰老等作用，其补而不燥，滋而不腻，中医用它与有关药物配合，可治疗须发早白、腰酸膝软、眩晕目暗、血虚津亏等多种疾病。

对于传统技艺，要继承更要注重发展，并能形成新的风格。大名小磨香油非遗传承人李清林老师，就全心致力于把传统的香油制取办法运用到现代工业上。尽可能把传统的手艺与现代的科技相结合，并维持传统制油过程中的标准，以保证香油的味道、口感。在生产过程中，除了小磨香油的制作，对包装等后续工作也要做到精心细致，把这一绝世调味佳品做到极致。在进行规模化生产的同时，李老师还不忘周边乡邻，经常自

制作小磨香油

己开车,走街串巷,去售卖散装的香油,把香油的记忆,牢牢地留在人们的味蕾上。人们也因此始终记得大名的小磨香油。

大名小磨香油于2006年9月被指定为人民大会堂会议特供产品,2012年由商务部认授予"中华老字号"荣誉称号,2014年被国家质量总局批准将"大名小磨香油"定为国家地理标志保护产品。2013年,大名小磨香油制作技艺入选河北省第五批省级非物质文化遗产名录,2021年,入选第五批国家级非物质文化遗产名录。

梅拳初心
鸡泽梅花拳

合明武校学生
集体课间操

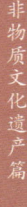

走梅花桩

"梅花拳"亦称"梅花桩",是"干支五势梅花桩"的简称,属昆仑派,中国传统武术拳种之一。

《梅拳秘谱》上说:"梅拳之始因年代久远而不可知,传云汉已有之,至今已有百二十余世矣。"梅拳起始时间,众说不一。有云春秋战国,有云秦汉,不论哪种说法均逾千年。梅花拳的创始人邹宏义,字光大,清代直隶顺德府(今邢台市)人,著名武术家。

梅花拳分桩上梅花拳和落地梅花拳,其布桩图形有北斗桩、三星桩、繁星桩、天罡桩、八卦桩等。桩势有大势、顺势、拗势、小势、败势等五势,套路无一定型,其势如行云流水,变化多端,快而不乱。梅花拳的主要功法有梅花桩功法、内外练功心法、打法、破法、擒拿法、点穴卸骨法、分筋错骨法、点拿穴祛病法、千斤坠、浑元一体等。

郑龙虎老师教作者练习梅花桩

郑龙虎老师和作者示范对打动作

鸡泽梅花拳套路集梅花拳之大成，有原架、老架、大架、小架、串拳等，刀、枪、剑、戟十八般兵器应有尽有。还有独特的古老稀有兵器：一锛三枪、五虎锛、量天尺、群枪母、文棒、武棒、拐子、流星、落子枪、拍扒木、护身披、风火轮、提戟、大梢子等。既可单练，又能对练，还能实战，练打结合。基本拳势为"行步三法""桩步五势"。扎法、摆法、抽撤法，合太极阴阳之理；捅锤势、单鞭势、带腿势、拧步势、斜应势，合五行生克变化之法。梅花拳练习者要修武德和武功。武德主要以敬天地、孝双亲、尊师父、爱徒弟、济众生、御邪恶、为国争光、为民谋利为宗旨，强身健体，保家卫国。

在鸡泽梅花拳合明武校里学习梅花拳的这段日子，我看到了郑龙虎老师的一片爱心。学校里都是男孩子，有很多是调皮捣蛋的孩子，被父母

合明武校学生武术表演

送来武术学校让他们锻炼意志。郑老师则用爱心一点一滴教育孩子，让他们慢慢养成勤学苦练的习惯，养成遵守纪律和互帮互助的品质。一天早上，我们出操回来，孩子们都在院子里洗漱，一个六七岁的小家伙因为刚刚进入学校，刷牙洗脸还不是那么熟练，旁边一个九岁的小哥哥特别认真地帮小家伙刷牙，告诉他如何洗漱。这种团结互助的场景，在郑老师的学校里随时可以看到。我由衷地敬佩郑龙虎老师，因为只有师父的言传身教、耐心引导，学生才会传承武学中坚韧不拔、敢于担当的精神。

鸡泽梅花拳于2012年入选河北省第四批省级非物质文化遗产名录。

剪纸流韵
复兴区剪纸

闫飞老师给作者讲剪纸创作

剪纸碎屑

《吕氏春秋》《史记》中的"剪桐封国"记述了西周初期周成王用桐叶剪成珪状赐其弟,封叔虞到唐地为侯。战国时期用皮革镂花,银箔镂空刻花,都与剪纸同出一撤,他们的出现都为民间剪纸的形成奠定了一定的基础。剪纸是一种用剪刀或刻刀在纸上剪刻图案,用于装点生活或配合其他民俗活动的民间艺术。在中国,剪纸具有广泛的群众基础,交融于各族人民的社会生活,是各种民俗活动的重要组成部分。

邯郸市复兴区的"邯郸剪纸"在传统剪纸技法中融入了地方特色,运用阴阳镂空的技法,多以单色红纸、黑纸、泥金纸为主要材料,以剪刀为工具,形成了一种独特的剪纸流派。现多用于点缀墙壁、门窗、镜子、服饰、吊灯和灯笼等,也可以作为大型装饰画。剪纸既实用,又可美化生活,因而深受群众喜爱。

闫飞老师教授剪纸

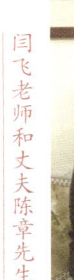

闫飞老师和丈夫陈章先生

　　剪纸非遗传承人闫飞老师和她的爱人陈章先生相濡以沫数十载。两个人由于工作的原因，长期两地分居，每当相见，自是有说不完的话。但是，当闫飞老师在剪纸的时候，她的爱人就会默默地坐在一边，安静地陪她工作，陪她熬夜。闫飞老师也是一位凡事都要溯本求源的人。为了剪好太极拳的形象，她专门拜访太极拳的非遗传承人，学习掌握太极拳的要领，了解人体的运动规律，把太极拳剪纸剪到了出神入化的境界。看着闫老师的太极拳剪纸，就能感受到太极拳柔中带刚的力道。同时，在剪纸技法上，闫老师把剪纸和绘画结合起来，用绘画的技法舞动剪刀，创作了许多或恢宏大气或婉转细腻的精美剪纸作品。一代非遗传承人，在继承的基础上，让剪纸技艺得到更大的精进。

剪纸作品

2006年5月20日，剪纸艺术经国务院批准列入第一批国家级非物质文化遗产名录。2009年举行的联合国教科文组织保护非物质文化遗产政府间委员会第四次会议上，中国申报的中国剪纸项目入选人类非物质文化遗产代表作名录。

老窖新香 赵王酒

非物质文化遗产篇

坛装赵王酒

赵王酒酒库

河北赵王酒的前身为邯郸老字号"义信涌酿酒烧坊"。赵王酒的传承可以从3000多年前说起,春秋战国时期,赵国出好酒,天下闻名。《淮南子》中记载,曾经有一次楚王会见诸侯,鲁、赵都献上美酒。楚国的酒官,因为赵国使臣没有送礼给他,很不高兴,故而施计陷害,把赵国的酒和鲁国的酒换了坛子。楚王喝完赵国坛子里的酒之后,勃然大怒,以为赵王用劣酒戏弄于他,因此"楚王以赵酒薄,故围邯郸"。传说当时赵王安排酿酒技师带着酿酒的方子逃到今天的邯郸市广平县,直到楚国撤军后,酿酒技师才回到邯郸城。可见邯郸酿酒的历史非常久远,这酿酒的技艺,也一代一代传承下来。直到明代有了义信涌酒坊、贞元增酒坊,邯郸的酒才开始有了自己的名头。

如今,义信涌更名为赵王酒,赵王酒的非遗传承人蒋孟岭先生,则是义信涌酿酒师傅的徒弟,

赵王酒生产车间

蒋孟岭老师教作者白酒调配技术

继续发扬和传承着赵王酒的酿造技艺。

蒋孟岭老师从大学毕业后就进入酒厂当学徒，将现代科学技术运用到传统的酿酒技艺中，把传承了3000年的赵王酒加以创新丰富，酿造出精品的赵王酒。他既是酿酒师又是品酒师，如今已经快70岁了，当我问他，到现在喝了多少酒的时候，我被他的回答惊呆了！蒋老师已经喝了10吨酒，平均每天要喝超过1斤酒，这个数字真的非常惊人，在惊叹之余，也感叹蒋老师为了酿酒、调酒而付出的一切。他的这一辈子，都扑在酿酒事业上，当你问他现在有何打算的时候，他会和你说："一辈子都酿酒了，特别亏欠自己的爱人，希望等将来老了，有时间了，一定要陪老伴儿出去旅旅游。"我听完后忍不住笑出来，问他："蒋老师，您都快70岁了，啥时候算是老呀？啥时候才能带师母出去旅游呀？"蒋老师回答总是很简单：

传统酿酒工艺

"现在还得酿酒咧!"边说边露出孩童般的笑脸。蒋孟岭老师,真邯郸酒痴也!

邯郸市国家级非物质文化遗产代表性项目（共28项）

1. 河北鼓吹乐
2. 武安平调落子
3. 武安傩戏
4. 冀南皮影戏
5. 杨氏太极拳
6. 磁州窑烧制技艺
7. 女娲祭典
8. 冀南四股弦（馆陶）
9. 冀南四股弦（魏县）
10. 冀南四股弦（肥乡）
11. 赛戏（经开区）
12. 赛戏（武安市）
13. 赛戏（涉县）
14. 永年西调
15. 大名草编
16. 彩布拧台
17. 传统棉纺织技艺（魏县）
18. 传统棉纺织技艺（肥乡）
19. 苇子灯阵
20. 曲周龙灯
21. 豫剧（桑派）
22. 梨花大鼓
23. 武氏太极拳
24. 永年抬花桌
25. 河南坠子
26. 鬼谷子传说
27. 水陆画
28. 大名小磨香油制作技艺

邯郸市省级非物质文化遗产代表性项目（共计116项，除国家级以外88项）

1. 邯郸成语典故文化
2. 涉县寺庙音乐
3. 磁县迓鼓
4. 撇花
5. 磁县怀调
6. 馆陶黑陶制作技艺
7. 滏阳河灯（马头镇）
8. 滏阳河灯（张庄桥村）
9. 黄粱梦文化
10. 永年正里小曲
11. 临漳李家庄高跷皇杠
12. 扇鼓（冀南扇鼓）
13. 曲周傩舞聚英叉会
14. 鸡泽弦子腔戏
15. 馆陶木偶戏
16. 临漳西狄邱落子
17. 广平拉洋片
18. 长洪拳
19. 上刀山
20. 大名县佛汉拳
21. 伯延民间建筑艺术
22. 贞元增酒传统酿造工艺
23. 织字土布技艺（鸡泽县）
24. 魏县花布染织技艺
25. 永年太和堂
26. 曲周柳子腔
27. 曲周皮影戏
28. 成安坠子戏
29. 陈村查拳
30. 磁县纸扎技艺
31. 峰峰王看烟火灯地
32. 玉堂春传说
33. 琅矿活帷子
34. 跑竹马
35. 成安落子
36. 梅花拳
37. 卢氏太极拳
38. 二郎拳
39. 泥塑
40. 磁县剪纸
41. 南宫碑体书法艺术（大名）
42. 孩模烧制技艺
43. 饸饹制作技艺
44. 土山诚会
45. 抬五龙
46. 崔府君出巡仪式及传说

47. 毛遂的传说
48. 邯郸古城传说与民俗
49. 赵奢战鼓
50. 邱县狮豹会
51. 曲周花车
52. 平调落子（邯郸市）
53. 平调落子（涉县）
54. 曲周四股弦
55. 豫剧（北派）
56. 大名大平调
57. 磁县坠子
58. 剪纸（复兴区）
59. 民间手绘画
60. 南宫碑体书法艺术（邯山区）
61. 成安烙画
62. 大名五百居香肠制作技艺
63. 大名郭八火烧制作技艺
64. 大名滴溜酒传统酿造技艺
65. 南小留木镟技艺
66. 二毛烧鸡制作技艺（邯山区）
67. 二毛烧鸡制作技艺（大名）
68. 更乐镇元宵花会
69. 黄河灯阵（骈山）
70. 西戌道教音乐
71. 冀南鼓吹乐
72. 坠子
73. 清真撒制作技艺
74. 肥乡王氏正骨术
75. 冀南鼓乐（杨家鼓）
76. 旱船
77. 大平调
78. 魏县落腔
79. 红拳（峰峰矿区）
80. 粮食画
81. 木镟技艺（肥乡区）
82. 木镟技艺（魏县）
83. 磁州酒酿造技艺
84. 豆瓣酱制作技艺
85. 驴肉制作技艺
86. 古建砖瓦烧制技艺
87. 广平缯肘制作技艺
88. 薛氏火罐疗法

后记

经过前期的努力，《一座等了你三千年的城——非物质文化遗产篇》终于和大家见面了。这是《一座等了你三千年的城》系列丛书继历史人物、成语典故、植物本草、特色美食之后的第五册书。

邯郸，是中国历史文化名城，是一座三千年未曾改名的城市。在漫长的历史发展过程中，邯郸人民群众创造了多姿多彩、弥足珍贵的非物质文化遗产，充分显示了邯郸人民超群的创造能力，体现了邯郸人民的文化价值观和审美情趣。如磁州窑烧制技艺在全国素有"南有景德，北有彭城"之称；武安傩戏打破"长江以北无鬼戏"之说；女娲祭奠对挖掘、研究古代鼓乐、吹奏乐、仪式戏剧、祭祀舞蹈有重要的意义；这些非物质文化遗产宛如一颗颗珍珠，镶嵌在邯郸广袤的大地上，既是邯郸历史文化名城特有的符号，也是宣传邯郸、展示邯郸深厚文化底蕴和内涵的一张张名片，是世人了解邯郸的重要载体。

在编撰过程中，丛书主编丁伟亲自把关定向，对编辑工作提出了许多具体、明确的意见和建议。编著者史本晓老师，带着对古城邯郸的热爱、对传承中华文化的执着，用心用力用情地挑选出一张张精美的图片，撰写出一段段饱含深情的文字。编委会成员也都克服种种困难，付出艰辛、心血和汗水。河北教育出版社的编辑对本书进行审稿加工，使得书稿予以出版面世。

受篇幅所限，本书仅收录了邯郸市非物质文化遗产的部分内容。不足之处，敬请专家和同仁不吝赐教，批评指正。同时，希望有机会能够更系统、更全面地展现邯郸市非物质文化的风采。

丛书编委会
2021 年 5 月 17 日

主　编
丁　伟

副主编
潘　璐　陈邢魁

编　委
李亚萍　田　锋　刘东山
范志国　刘秀君　李晓玲

本书部分图片作者的情况(姓名、通讯地址等)不详,请有关作者与本书的责任编辑联系,以便奉上稿酬与样书。

联系地址：河北教育出版社学术读物编辑室
　　　　　（石家庄市联盟路705号）
邮政编码：050061
联系电话：0311-88643532